¡BRAVO, BRAVO! Level «Canciones»

The materials for this level have been researched, written and developed by the *Editorial Department of Santillana, S.A.*, under the direction of **Antonio Ramos**. The following authors have participated:

SYLVIE COURTIER
ANTONIO LÁZARO CEBRIÁN

Editorial Director: **CASTO FERNÁNDEZ DOMÍNGUEZ**
Managing Editor: PILAR PEÑA PÉREZ
Project Editor: VALENTINA VALVERDE RODAO
Illustrators: ANTONIO TELLO, MARÍA LUISA TORCIDA, BEATRIZ UJADOS

The authors and publisher would like to thank the following educators for their reviews of manuscript during the development of the project.

TIM ALLEN	San Diego Unified School District, San Diego, California
ELVA COLLAZO	Board of Education, NY, New York
DENISE B. MESA	Dade County Public School, Miami, Florida
MARTHA V. PEÑA	Dade County Public School, Miami, Florida
DR. SILVIA PEÑA	University of Houston, Houston, Texas
ANA PÉREZ	Baldwin Park Unified School District, Baldwin Park, California
CARMEN PÉREZ HOGAN	NY State Dept. of Education, Albany, New York
MARÍA RAMÍREZ	NY State Dept. of Education, Albany, New York
MARÍA DEL CARMEN SICCARDI	Spanish TV Broadcaster, Washington, DC
DR. ELEONOR THONIS	Wheatland Independent School District, Wheatland, California
NANCY B. VALDEZ DEL VALLE	Dade County Public School, Miami, Florida

10 9 8 7 6 5 4 3 2

Published in the United States of America
ISBN: 0-88272-851-2
Printed in Spain

SANTILLANA PUBLISHING CO. Inc.,
Corporate Headquarters, 901 W. Walnut Street, Compton, CA 90220.

¡Bravo, bravo!

SPANISH FOR CHILDREN

Buenas tardes
CANCIONES - BOOK 2

santillana

CONTENIDO

LAS VOCALES

LAS VOCALES

un árbol

un pájaro

una flor

un pez

Mi familia

9

¿Quién es?

Es mi familia.

¡Ah! Son tus padres, tus abuelos... Y yo, ¿quién soy?

11

Los fantasmas del castillo

Las vocales

un árbol

Ésta es la historia de cinco hermanitas...

un pájaro

una flor

un pez

...que en busca de nombre a otro mundo fueron.

15

mi - mis

Mi papá
Mi mamá
} Mis padres

tu - tus

Tu papá
Tu mamá
} Tus padres

¿Quién es? Es ...

¿Quién es?
Es mi abuelo.

¿Quién es?
Es mi abuela.

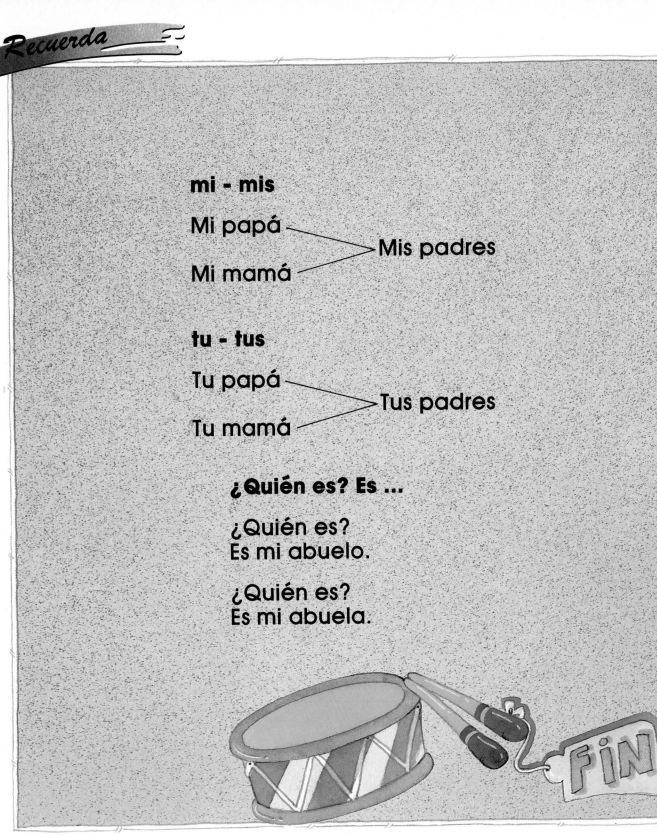

LAS ESTACIONES

18

Verde, amarillo y rojo

¿De qué color son?

23

24

25

Las estaciones

La bella primavera
de verde se vistió.

Vea otoño con invierno
bailando el rigodón.

«Bailar no quiero»,
dice el verano burlón.
«Bailen, bailen ustedes
que me fatigo yo.»

Las estaciones

La primavera
El verano
El otoño
El invierno

¿Qué tiempo hace?

Hace frío.
Hace calor.
Hace viento.

Nieva.
Llueve.

¿De qué color ... ?

¿De qué color es tu falda?
Mi falda es roja.

¿De qué color son tus zapatos?
Mis zapatos son azules.

sol fa mi re do

30

Todos los días

En el zoo y en la granja

35

El mono y el cerdo

Sol, fa, mi, re, do

Todas las mañanas me levanto yo, corre que te corre, sol, fa, mi, re, do.

Yo	Tú
me levanto.	te levantas.
me lavo.	te lavas.
me visto.	te vistes.
estudio.	estudias.
juego.	juegas.
me acuesto.	te acuestas.

Todos los días ...

Me levanto a las ocho.
Juego con mis amigos.
Me acuesto a las nueve.

Tengo una muñeca

$$+\frac{2}{2}\ \ +\frac{4}{2}\ \ +\frac{6}{2}\ \ +\frac{8}{8}$$
$$\overline{4}\qquad\overline{6}\qquad\overline{8}\qquad\overline{16}$$

El cuerpo

No es una niña... ¡Es una sirena!

¿Qué estás haciendo?

Nadar es fácil.

¿Cómo estás?

Tengo una muñeca

50

51

¿Qué estás haciendo?

¿Qué estás haciendo?
Estoy nadando.

¿Qué estás haciendo?
Estoy haciendo gimnasia.

¿Cómo estás?

¿Cómo estás?
Estoy bien.

¿Cómo estás?
Estoy resfriado.

¿Cómo estás?
Me duele la cabeza.

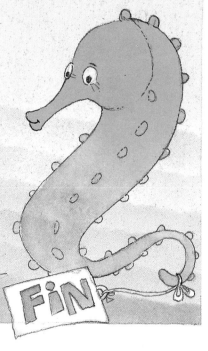

Mar azul, cielo azul

Cielo azul
sin una nube.
Mar azul
sin una vela.
Sólo
la espuma
sobre la arena.

GREGORIO CASTAÑEDA ARAGÓN

Caracola de mar

¿Sabes? En esta bella caracola
viven los pájaros del mar.
¿Lo dudas? Ponla sobre tu oído:
¡La sentirás cantar!

ROBINSÓN SAAVEDRA GÓMEZ

54

Un son
para niños antillanos

Por el mar de las Antillas
anda un barco de papel:
anda y anda el barco barco,
sin timonel.

¡Ay, mi barco marinero,
con su casco de papel!
¡Ay, mi barco negro y blanco,
sin timonel!

NICOLÁS GUILLÉN

Mi diccionario temático

La casa

casa
house

cama
bed

mesa
table

silla
chair

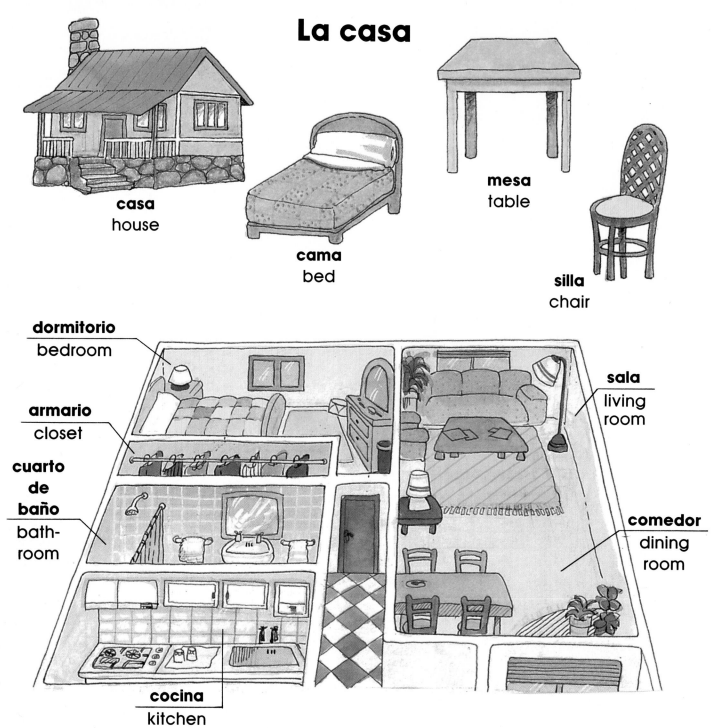

dormitorio
bedroom

armario
closet

cuarto de baño
bath-room

sala
living room

comedor
dining room

cocina
kitchen

La familia

abuelo
grandfather

abuelos
grandparents

abuela
grandmother

papá
dad

padres
parents

mamá
mom

hijo
son

hermanos
brothers and sisters

hija
daughter

Unidad 5. Las vocales

57

Colores y ropa

COLORES

rojo
red

blanco
white

amarillo
yellow

negro
black

azul
blue

verde
green

ROPA

falda
skirt

suéter
sweater

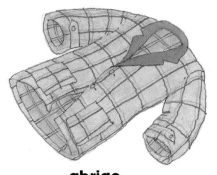
abrigo
coat

pantalones
pants

zapatos
shoes

botas
boots

Unidad 6. Las estaciones

58

Animales

ANIMALES DEL ZOO

león
lion

jirafa
giraffe

mono
monkey

ANIMALES DE LA GRANJA

gallo
rooster

cerdo
pig

oveja
sheep

vaca
cow

ANIMALES DE LA CASA

perro
dog

gato
cat

pájaro
bird

Unidad 7. Sol, fa, mi, re, do

El cuerpo

LA CABEZA

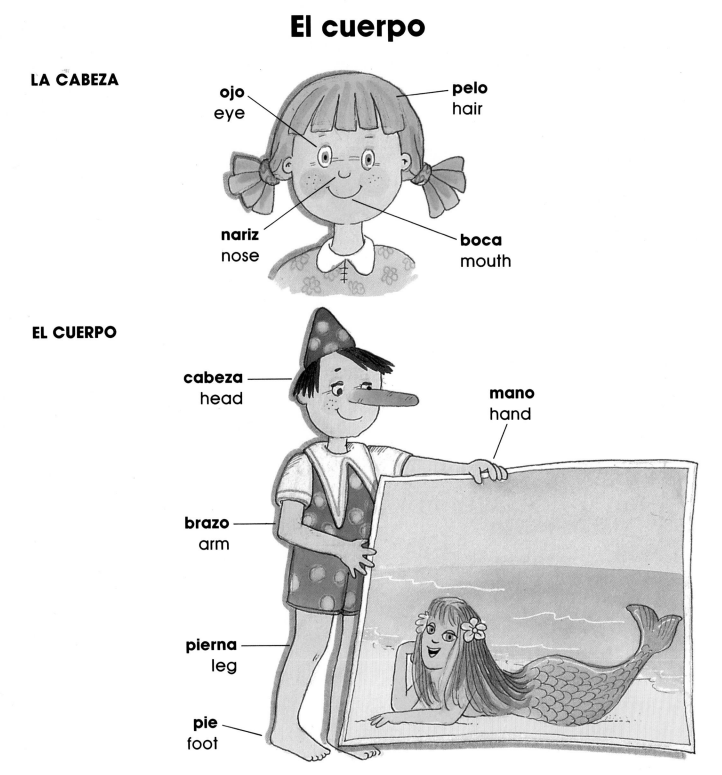

ojo
eye

pelo
hair

nariz
nose

boca
mouth

EL CUERPO

cabeza
head

mano
hand

brazo
arm

pierna
leg

pie
foot

Unidad 8. Tengo una muñeca

60

Los números

diez
ten

once
eleven

doce
twelve

trece
thirteen

catorce
fourteen

quince
fifteen

dieciséis
sixteen

diecisiete
seventeen

dieciocho
eighteen

diecinueve
nineteen

veinte
twenty

Extension Vocabulary

Vocabulario activo

Palabras que aparecen ocho o más veces en el Libro.

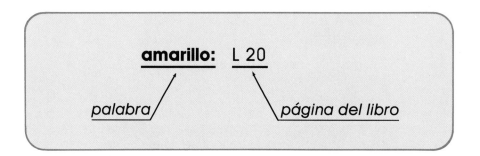

amarillo: L 20

palabra   *página del libro*

A

a: L 7
abuela: L 9
abuelo: L 9
(me) **acuesto:** L 33
amarillo: L 20
azul: L 22

B

brazo

C

cabeza: L 45
calor: L 20
cinco: L 14
color: L 22
cómo: L 48
con: L 27
cuatro: L 51

D

de: L 12
do: L 29

dos: L 51
duele: L 48

E

el: L 20
en: L 13
ésta: L 14
estás: L 13
estoy: L 12

F

fa: L 29
falda: L 22